Kung Fu Panda 3

Qui suis-je ?

Du même auteur

- Témoins de lumière - Des aventures ordinaires
- Recueil de l'Être
- Cœur de Framboise à la frantonienne

<u>La suite romanesque : Le livre sacré</u>

- Kumpiy - Le livre sacré - Tome 1 - L'œil et le cobra
- Kumpiy - Le livre sacré - Tome 2 - La confrérie du cobra
- Kumpiy - Le livre sacré - Tome 3 - Tara la guérisseuse

<u>Collection « de l'œil à l'Être »</u>

- « Kung Fu Panda 1 » et la puissance du « croire »
- « Kung Fu Panda 2 » La voie de la paix intérieure
- « Equilibrium » – Une vie sans émotions
- « La Belle Verte » - Retrouver sa nature
- « Inception » - Rêve, sommeil et manipulation
- « V pour Vendetta » - Vi Veri Veniversum Vivus Vici
- « La jeune fille de l'eau » - Notre vie a un sens
- « Les fils de l'homme » - L'espoir au corps

En savoir plus :
http://www.les-bouquins-d-ygrec.com

**Dans la collection
« De l'œil à l'Être »**

Kung Fu Panda 3

Qui suis-je ?

YGREC

« Le Code de la propriété intellectuelle interdit les copies ou reproductions destinées à une utilisation collective. Toute représentation ou reproduction intégrale ou partielle faite par quelque procédé que ce soit, sans le consentement de l'auteur ou de ses ayants cause, est illicite et constitue une contrefaçon, aux termes des articles L.335-2 et suivants du Code de la propriété intellectuelle. »

© 2018 - Ygrec
Photo de couverture : S. Chhun
Edition: B.O.D, 12/14 rond-point des Champs-Elysées, 75008 Paris.
Imprimé par Books on Demand GmbH, Norderstedt, Allemagne.
ISBN : 9782322144549
Dépôt légal : Juin 2018

« Plus tu prends, moins tu possèdes »

« Le but n'est pas de te transformer en moi, le but est de te transformer en toi ».

LA COLLECTION
« De l'œil à l'Être »

Lors de mes conversations avec mes lecteurs et mes élèves, lorsque je réponds à leurs questions, oralement ou par écrit, j'ai l'habitude d'illustrer mes propos d'exemples de la vie courante. Je leur propose aussi la lecture de livres. Je leur conseille de regarder certains films. Je leur recommande surtout de lire ou de voir autrement.

Ils sont nombreux ceux qui me demandent, ou qui m'ont demandé, de publier des analyses, sur ce que je présente comme des références, lors de cet apprentissage difficile qui est celui qui mène à soi-même !

La collection « De l'œil à l'Être » devrait répondre aux attentes de certains, et je l'espère, de beaucoup.

Aucun des ouvrages ne constitue une analyse complète, mais chacun peut devenir un outil de développement personnel. Il s'agit d'apprendre à voir autre chose, de chercher un sens différent à ce qui nous entoure. Rappelons-nous que rien n'est caché. Le plus souvent, c'est nous qui ne savons pas voir

Il est bien évident que ce que j'écris n'engage que moi, et non les auteurs, scénaristes, dessinateurs, producteurs, acteurs, de ces œuvres, qui ont exprimé ce qu'ils souhaitaient exprimer, et nous sommes libres d'apprécier ou pas, de comprendre ou pas, et même, de comprendre différemment. Je n'essaie pas de faire dire ce qui n'a pas voulu être dit, mais je tente simplement de faire passer un ressenti, le mien.

Le texte n'énonce pas des vérités, il a valeur de proposition pour illustrer les nombreuses notions et concepts de la voie spirituelle.

Même si tout n'est pas dit, même si tout n'a pas été saisi, ces auteurs, scénaristes, dessinateurs, producteurs, acteurs, etc....ont su éveiller la curiosité et l'intérêt, et de cela, je les remercie. Ils doivent savoir que je m'efforce de me conformer à la loi en matière de droits d'auteur, et ne publie aucune photo, aucun texte en intégralité (je me permets toutefois certaines citations courtes), je n'organise aucune projection. Je continue, comme je l'ai toujours fait, de conseiller un livre, un film, etc, dont certaines parties sont, pour moi, de bons exemples à donner, complétant à merveille ceux de mon vécu personnel.
Si quelque chose m'avait échappé, compte tenu de la complexité législative, je leur serais reconnaissante de m'en prévenir et de m'en excuser.

Il ne sera pas inutile de préciser, à l'intention de mes lecteurs, que je n'ai de contrat avec aucun auteur, éditeur ou producteur, etc. J'écris ce que je pense, et cela, toujours dans le même but : aider les autres, et par voie de conséquence, m'aider moi-même.

Chacun des ouvrages de la collection « De l'œil à l'Être » traite d'une œuvre (film, pièce de théâtre, livres etc.). Les titres, les auteurs, les éditeurs, les distributions (lorsqu'il s'agit de cinéma), enfin tout ce qui est nécessaire à une identification exacte sans confusion possible, sont clairement énoncés. Tous les livres de la collection comportent une étude rapide des personnages et de certaines séquences. Ils abordent des sujets ayant un rapport direct avec l'œuvre mais aussi d'autres, dont la suggestion m'a paru intéressante. Nous chercherons ainsi à saisir les situations présentées, à trouver les effets et les causes, pour en tirer un enseignement, pour essayer de nous comprendre et de comprendre les autres. Les sujets généraux seront, à dessein, partiellement traités, et selon l'optique de l'œuvre. Ils trouveront leurs compléments dans un ou d'autres livres. Il est inutile d'aller trop vite.

D'un ouvrage à l'autre, nous retrouverons parfois, à l'identique, les introductions à certains paragraphes. C'est qu'il s'agira d'appréhender le sujet avec les mêmes techniques. D'autres fois, tout sera différent.

La collection « De l'œil à l'Être » existe, non pour imposer un point de vue, encore moins pour extraire des messages que l'auteur a souhaité transmettre (lui seul peut en parler) mais pour proposer des pistes de réflexion, libre à chacun de voir autre chose ou de ne rien voir du tout.

Amis lecteurs ouvrons grands les yeux de l'intérieur et prenons les chemins de l'Être.

Kung Fu Panda 3 – Qui suis-je

INTRODUCTION

Nous voici au troisième film de la série Kung Fu Panda.

C'est encore, pour moi, une œuvre raffinée, qui peut nous ravir par son esthétique parfaite, et par les messages philosophiques et spirituels qu'elle propose. Admirons la perfection des graphismes, le sens du détail, le dynamisme des situations, la beauté de la musique, mais sachons nous interroger sur la profondeur de certaines paroles, arrêtons-nous sur certaines scènes, et nous cheminerons doucement vers nous-mêmes.

Dans cet opus, Maître Shifu fixe deux objectifs à Po : enseigner le kung fu, et découvrir qui il est.

Po devra comprendre que l'art martial tant admiré n'est pas seulement un ensemble de techniques, mais aussi un état d'esprit, une philosophie de vie, une façon de concevoir son rapport à l'autre, mais aussi à soi-même. Il devra rassembler tous les éléments qui façonnent sa personnalité, pour trouver l'essence de ce qu'il est, pour incarner ce tout qui le rend unique.

Quand je demande leur motivation à mes élèves, certains me répondent : « Je voudrais être comme toi ». Quand je leur réplique qu'il ne faut pas devenir comme moi, mais comme eux, j'observe le même regard étonné, et les mêmes yeux ronds que ceux de Po.

Comme Po, nous devons cheminer vers nous-mêmes. Ce chemin est un retour à notre vraie nature, avec pour bagage, le fruit de nos expériences.

Pour profiter pleinement de ce livre, il est évidemment indispensable d'avoir vu le film au préalable. Si ce n'est pas le cas, il n'y a plus qu'à le refermer. Non seulement il est utile de connaître l'histoire du début à la fin avant de continuer, mais la lecture prématurée de cet ouvrage vous ferait peut-être oublier le spectacle, et ce serait dommage. Car n'oublions pas qu'il s'agit d'abord d'un spectacle à apprécier pleinement en tant que tel.

Cependant, et pour tous ceux qui ne pensent pas pouvoir regarder ce film dans l'immédiat, je les invite à lire les chapitres « Comprendre » et « À l'écoute des autres » pour lesquels ils ne devraient pas se sentir perdus. Il est intéressant de regarder une deuxième fois chacun des films étudiés dans la collection, en notant ce qui paraît remarquable, en essayant de cerner les personnages et en repérant les séquences à étudier. Mais, pour cette deuxième projection, chacun fera, après tout, comme il l'entend, comme il le sent. L'important est de se sentir à l'aise en pratiquant ces exercices qui ne doivent pas devenir une torture pour l'esprit, mais un jeu.

SYNOPSIS ET FICHE TECHNIQUE

I - Synopsis

Après avoir battu ses deux premiers adversaires (Taï lung et Seigneur Shen), Po est reconnu comme le Guerrier-Dragon.

Sa lutte avec Seigneur Shen lui a appris son passé douloureux, et il pense être le seul panda survivant.

Po croyait savoir ce que serait sa vie désormais, mais voilà qu'arrive, dans son village, un panda qui se trouve être son père.

La menace que représente Kaï, poussera le père et le fils, à rejoindre le village secret des pandas.

C'est ainsi que Po va être obligé d'atteindre les deux objectifs que Maître Shifu lui a fixés : devenir un Maître, et répondre à la question : qui es-tu ? Il devra transformer ses paisibles congénères en furieux combattants, et devra incarner réellement le Guerrier-Dragon en affrontant le dangereux Kaï.

II - Fiche technique

Réalisation : Jennifer Yuh Nelson et Alessandro Carloni

Scenario : Jonathan Aibel et Glenn Berger

Musique : Hans Zimmer

Direction artistique : Max Boas

Productrice : Melissa Cobb

Coproducteur : Jeff Hermann

Producteurs délégués : Guillermo del Toro et Mike Mitchell

Sociétés de production : DreamWorks Animation et Oriental DreamWorks

Société de distribution : 20th Century Fox

Pays d'origine : États-Unis et Chine

Durée : 95 minutes

Genre : action, arts martiaux, animation, comédie

Langue originale : anglais

Dates de sortie : États-Unis : 29 janvier 2016, France : 30 mars 2016

III – Distribution

Jack Black (VF : Manu Payet) : Maître **Po** Ping
Bryan Cranston (VF: Emmanuel Jacomy) : **Li Shan**
Dustin Hoffman (VF : Pierre Arditi : **Maître Shifu** Sweng
Angelina Jolie (VF: Marie Gillain) : **Maître Tigresse**
J. K. Simmons (VF : Jérémie Covillault) : **Général Kai**

Jackie Chan (VF : William Coryn) : **Maître Singe**
Seth Rogen (VF : Xavier Fagnon) : **Maître Mante**
Lucy Liu (VF : Mylène Jampanoï) : **Maître Vipère**
David Cross (VF : Marc Arnaud) : **Maître Grue**
Kate Hudson (VF : Alison Wheeler) : **Mei Mei**
James Hong (VF : Michel Tureau) : **San Ping**
Randall Duk Kim (VF : Pierre Bonzans) : **Maître Oogway**
Jean-Claude Van Damme (VF : Patrice Baudrier) : **Maître Croc**

IV - Box-office France : 2 421 449 entrées

V – Sortie dvd : 17/08/2016

La franchise *Kung Fu Panda* devrait être composée de six chapitres

LES PERSONNAGES

I - Nous retrouvons certains personnages

PO

Po progresse et grandit « dans sa tête » comme le suggère Maître Oogway. Il reste pourtant le panda gourmand des premiers opus. Malgré sa maîtrise du kung fu, il est souvent maladroit tant il doute de lui-même. Il frime comme un grand ado, sans doute pour se persuader lui-même qu'il est le Guerrier-Dragon. Sa pureté de cœur lui permet de rester humble. Il aimerait continuer à s'amuser et s'entraîner avec Shifu pour professeur. Mais le Maître ne l'entend pas de cette oreille !

LES CINQ CYCLONES

Bien que SINGE, GRUE, MANTE, et VIPÈRE démontrent encore ici une grande efficacité, ils seront moins présents dans ce troisième opus, transformés en zombies une grande partie du film.
Seule TIGRESSE échappera à Kaï. Elle a toujours la même force et le même courage. Son dévouement à Po ne fait aucun doute, même quand elle ne comprend pas toujours ses décisions.

SHIFU

Depuis la désignation du Guerrier-Dragon par Oogway, Maître Shifu a su accepter ses torts. Il enseigne de façon exigeante et efficace. Il sait que Po, malgré ses maladresses, a un destin à accomplir. Il l'aidera à trouver son chemin.

M. PING

Le père adoptif de Po est un père affectueux, fier de son fils, Avouer son adoption à Po a été une épreuve difficile. Les retrouvailles de Po avec son véritable père, va l'être encore plus. Il saura surmonter sa peur, et aider Li Shan à assumer son vrai rôle de père.

MAÎTRE OOGWAY

Du monde des Esprits, Oogway continue à enseigner, à insuffler sa sagesse, et, bien sûr, à progresser lui-même.

II - Nouveaux personnages

LI SHAN

Il est le père biologique de Po. Il aime manger, dormir, s'amuser. Il emmène Po dans le village secret, pour lui apprendre à être un vrai panda, et à maîtriser le « chi ». Li Shan, lui aussi, fait son apprentissage. Il doit devenir un père, car le mot « père » n'est pas qu'un titre.

KAÏ

Kaï était l'ami de Maître Oogway, un grand général, et un grand combattant, mais un combattant animé aussi par la soif de pouvoir. C'est dans la tentation que se révèle la vraie nature des êtres. Le pouvoir du « chi » détournera Kaï de la voie, et Maître Oogway sera obligé de le vaincre. Kaï est un être narcissique, et il n'admettra jamais sa défaite.

Les habitants du VILLAGE SECRET

Po fait la connaissance des habitants du village secret. C'est, évidemment un grand bonheur pour lui qui se croyait le dernier panda survivant. Tous les types sont représentés : des jeunes, des enfants, des adultes, des pandas âgés, des moins gros et des plus grands, des pandas handicapés, et même une séductrice.

Tout le monde vit en paix et en harmonie, sans jugement de l'autre.

Dont **MEÏ MEÏ**

Meï Meï est une danseuse spécialiste du ruban. Extrêmement adroite, elle maîtrise parfaitement sa discipline. On imagine facilement le travail nécessaire, et la détermination de son caractère. Dans le village secret, elle incarne aussi la séductrice, dont le profil peut varier d'une personne à l'autre (voir aussi le personnage de la séductrice dans « Cœur de Framboise à la frantonienne »).

III - Personnages comparés

LES DEUX PÈRES

Voici ici l'image de deux pères. L'un est le père biologique de Po, et n'a pas eu l'occasion d'expérimenter ce qu'est, être un père. L'autre est le père adoptif, et a appris la paternité.

Tous deux commettent des erreurs comme tous les parents de la terre. On apprend à être père, ou à être mère. Les erreurs, évidemment, sont inévitables. Les principales erreurs des parents viennent des peurs, des peurs légitimes parfois, car être parent est une grande responsabilité. D'autres erreurs peuvent être commises par les parents trop égoïstes, qui chercheront à faire de leurs enfants des doubles d'eux-mêmes, ou qui les obligeront à suivre la voie qu'ils auraient voulu prendre eux-mêmes, ou bien encore, qui forceront leur entrée dans le moule de la société, sans que l'enfant ait fait sa propre expérience. L'intention n'est pas mauvaise bien sûr, mais nous devons comprendre que nous ne savons pas aimer. Nous devons apprendre à aimer. C'est l'immense leçon que nous donnent nos enfants.

KAÏ ET OOGWAY

Il est intéressant de comparer ces deux personnages à l'époque de leur jeunesse, au moment où tous deux découvrent le pouvoir du « chi ».
L'un mettra cette connaissance au service de sa propre évolution, puis à celle des autres en devenant un Maître. L'autre voudra s'en emparer pour servir son ego, pour dominer les autres et le monde terrestre.
Le pouvoir, quel qu'il soit, est un outil qui peut s'avérer dangereux. Il est une mise à l'épreuve. Qu'il soit matériel ou spirituel, le pouvoir implique une grande responsabilité. Il nous met en devoir de « servir », et non de se servir.

PO ET KAÏ

Nous sommes ici devant deux extrêmes :

- un être pur et simple qui vit dans l'instant, face à un narcissique qui se donne tous les droits pour dominer les autres et le monde.
- Po qui ne se prend jamais au sérieux, et qui donc, garde son ego à distance, et Kaï, qui, complètement sous la domination de l'ego, s'identifie à son image.

- Un être qui doute sans cesse de lui, et l'autre qui se regarde vivre.
- Un être qui sert, et l'autre qui se sert
- Po qui admire les grands Maîtres, et qui n'imaginent pas qu'il puisse atteindre leur niveau (il ne s'en sent pas digne), et Kaï qui veut être admiré parce qu'il est sûr de le mériter, et utilise la force pour cela, car il se sent injustement traité.
- Po aime les autres, et sa pureté l'aide à prendre les décisions qui serviront les véritables intérêts de chacun. Sa maladresse n'est le résultat que du peu de respect et d'amour qu'il a pour lui-même. Kaï n'aime que lui, et ne vit que dans la contemplation de sa propre image. Comme tous les narcissiques, il ne peut pas comprendre qu'on s'oppose à lui. Pour un narcissique, lui seul mérite d'avoir le meilleur, les autres ne sont que des satellites qui n'existent que pour le servir ou pour l'admirer.

QUELQUES REMARQUES sur les personnages du film.

- Il est intéressant de trouver ici une image du père, en quelque sorte, réhabilitée. Déjà, dans les précédents films, nous avions Shifu s'occupant de Taï lung ou de Tigresse, Mr Ping élevant Po. Notre société s'emploie à détériorer cette image, mais aussi celle de l'homme, et celle de la virilité.
- Ici, pas de personnages importants de mères, seulement des images idéalisées de mères disparues.

- Pas de stigmatisation des « gros ». Au pays des pandas, on mange beaucoup, on est bien enveloppé, et c'est normal. Il n'y a pas de jugement.

- Pas de stigmatisation non plus des personnes handicapées. Dans le village secret, le panda handicapé vit au milieu de ses frères, Au moment du combat, il mènera sa mission comme les autres.

- Et encore pas de stigmatisation des personnes âgées. Tout le monde vit ensemble et en harmonie. Chacun a son rôle.

- Notre société valorise l'individualisme. Nos dirigeants sont malheureusement des narcissiques qui cherchent à nous diviser, à nous isoler, pour mieux régner. Nous oublions les échanges, le partage et la solidarité. Le village secret est un exemple, idéalisé bien sûr, de ce que nous avons perdu.

LES SCÈNES

Les premières minutes nous emmènent dans le monde des esprits. Elles nous montrent Maître Oogway méditant et recherchant la paix intérieure.

Dans les premières minutes également, nous faisons la connaissance du maléfique Kaï. Maître Oogway l'a combattu et vaincu il y a 500 ans.

Kaï vient prendre sa revanche. Pour cela, il s'est emparé du « chi » de tous les Maîtres du royaume des esprits. Fort de sa nouvelle puissante, il peut dérober le « chi » de Maître Oogway.

Maître Oogway affronte Kaï (2 mn 40) « Plus tu prends moins tu possèdes », voilà la réplique très importante de Maître Oogway. Kaï capture Maître Oogway, et s'empare de son « chi ».

Pendant ce temps, **Po et les cinq cyclones s'entraînent (3 mn 45)**. Ils traversent le village, acclamés par la population admirative et enthousiaste. On pourrait s'attendre à une action d'éclat, mais il s'agit seulement d'aller prendre leur repas chez Mr Ping.

A leur retour, **Maître Shifu les accueille (5 mn 19).** Il insiste sur la nécessité de vaincre aussi avec le mental, et donc, de l'utilité de l'entrée spectaculaire.

Maître Shifu désigne son successeur (6 mn). Po est le Guerrier-Dragon. À ce titre, et à son grand désarroi, Po a été choisi. Les cinq cyclones acceptent cette décision. Ils sont totalement dévoués à Po.

La séance d'entrainement est catastrophique (7 mn 05). Po est désorienté. Il ne sait pas enseigner.

Po devant la statue de Maître Oogway (8 mn 40). Shifu le rejoint. Il savait que Po échouerait. Nous découvrons plusieurs enseignements dans ce passage. Cette scène est très importante. Maître Shifu insiste sur la nécessité de tenter de nouvelles expériences.
Il met Po face à lui-même, quand il lui fait remarquer qu'il ne sait pas qui il est.
Il suggère comment le Maître ne crée pas des doubles de lui-même, mais aide l'élève à trouver son propre chemin.
Pour la première fois, Po entend parler du « chi ».

Arrivée de Kaï dans le monde des mortels (11 mn 54), à la grande frayeur de deux cultivateurs. Personne ne se souvient de lui. Il envoie ses zombies attaquer les villages.

Po prend son bain en jouant avec ses figurines (13 mn 48). Il retrouve ses gestes enfantins pour se rassurer. Il se confie à son père adoptif. Il est difficile de laisser son enfance, et assumer ses responsabilités.

Po rencontre son véritable père (15 mn 28). Ce dernier lui apprend l'existence de nombreux autres pandas. C'est un grand bonheur pour Po qui croyait être le seul panda survivant.

Po emmène son père à la galerie des héros (19 mn 07). Ils essaient toutes les armures, et s'amusent comme des enfants. Les deux pandas ne se prennent pas au sérieux. On peut regarder la vie comme un enfant, et être un Maître de kung fu.

Po présente son père à Maître Shifu et aux cinq cyclones (22mn26)

La vallée est attaquée (23 mn 10). Po, les cinq cyclones et Maître Shifu combattent des zombis de jade. Ils reconnaissent les maîtres disparus. Kaï voit par leurs yeux, et parle par leurs bouches. C'est ainsi que les défenseurs du village apprennent le nom de leur agresseur.

Maître Shifu recherche l'identité de Kaï (26 mn 02). Il retrouve le rouleau où Maître Oogway raconte le combat qu'il a livré contre Kaï. Il y explique aussi sa guérison grâce au « chi » donné par des pandas guérisseurs vivant dans un village secret. Il y explique la folie de pouvoir de Kaï.

Tous comprennent alors la force prodigieuse de Kaï par le vol de « chi » des Maîtres.

Li Shan propose le départ au village secret (28 mn 42). Il lui assure qu'il lui apprendra à maîtriser le « chi » et à devenir un vrai panda. Shifu, sachant bien que Po a besoin de retrouver sa nature profonde, autorise ce départ.

Po et son père entreprennent le voyage (30 mn 20). Le père et le fils découvrent vite un passager clandestin. Mr Ping, qui s'était opposé au départ de Po, a décidé de les accompagner.
Pendant ce temps, Shifu envoie Grue et Mante en exploration.

Po et ses deux pères arrivent au village secret (32mn26). Po, fidèle à lui-même, est toujours prêt à s'émerveiller. Il découvre alors un village paisible, peuplé de nombreux pandas, tous aussi enthousiastes et maladroits que lui.

Po est présenté aux villageois (34 mn 05). Lors des présentations, Po devra offrir sa figurine représentant Tigresse, signe, pour Po, de l'imminence, et de la nécessité de l'abandon de l'enfance.
La réplique « *Tu es comme moi mais en plus petit, et toi en plus vieux, etc.. »,* est moins anodine qu'il n'y paraît. Chacun de nous est l'autre, et l'autre est nous. Nous venons tous de la même source, seules nos évolutions et nos formes sont différentes.

Po fait son premier apprentissage de panda (36).mn 50. Il apprend à rouler, il n'a plus besoin d'utiliser des baguettes, il fait la connaissance de Meî Mei. Il se rend compte, que, ce qui le caractérisait, et qui lui apparaissait comme des différences, voire même, des anormalités, dans le village de son enfance, est tout simplement naturel pour les pandas.

Pendant ce temps, Kaï avance dans son projet destructeur (38 mn 24). Il a capturé Mante et Grue.

Po doit tout apprendre de la vie de panda (40 mn 42). Il apprend à rouler, jongler, dormir, soupirer. Il découvre ce qu'était sa famille, sa mère, la vie qu'il aurait pu avoir, mais il ne perd pas de vue son objectif : maîtriser le « chi ».

Kaï a capturé tous les Maîtres (46 mn 47). Il atteint le dernier rempart : Maître Shifu. Il détruit le Palais de Jade. Il s'empare du « chi », de Maître Shifu, de celui de Singe et de Vipère. Seule Tigresse s'enfuit pour prévenir Po.

Po s'amuse avec ses frères panda (51 mn 41) mais pense à sa mission en regardant une fleur non éclose. Le « chi » occupe ses pensées. Tigresse arrive.

Po apprend que son père lui a menti (53 mn 20). Il ne maîtrise pas le « chi ». Les pandas préparent leur fuite, et Po se prépare à affronter Kaï. Il reprend son entraînement.

Mr Ping rejoint Li Shan (56 mn 06). Il confie sa première réaction de désarroi. Il comprend ce qu'éprouve Li Shan. Il comprend aussi que, pour le bonheur de Po, une concurrence entre les deux pères ne peut persister. Il rassure Li Shan, et lui fait prendre conscience de la nécessité d'aider Po.

Po s'entraîne, mais surtout exprime sa colère (57 mn 39). Tigresse l'interrompt, et essaie de le raisonner. Po est bien obligé d'avouer qu'il ne pourra rien, qu'il ne maîtrise pas le « chi », qu'il ne sait pas qui il est.

Li Shan propose son aide, ainsi que celle de tous les pandas (58 mn 53). Tous demandent à apprendre le kung fu. Une des paroles de Li Shan va permettre à Po de comprendre le message de Maître Shifu. Il ne s'agit pas de former des doubles des grands Maîtres, ou même des doubles de soi-même, mais de préparer au combat tous les pandas, en respectant l'identité de chacun.

Po commence l'enseignement en respectant les goûts et aptitudes de chacun (60 mn 22). On peut se rappeler ici, les scènes du premier film, dans lesquelles Maître Shifu enseigne le kung fu à Po, avec, pour principale motivation, la gourmandise.

Affrontement entre Po et les pandas, et Kaï (64 mn 17). À la surprise de Kaï, les pandas se défendent, même si la méthode est originale. Po peut désormais approcher Kaï. Mais la botte secrète de Po ne marche que sur les mortels. Po est alors battu par Kaï dont la force est décuplée par l'énergie dérobée des Maîtres.

Po est à terre, mais il ne peut se résoudre à la prochaine disparition des Maîtres et de toute sa famille. Il trouve alors la solution. **Il raccompagnera Kaï au royaume des esprits** (70 mn 46). Même dans le royaume des esprits, Kaï n'abandonne pas la lutte. Po se défend, mais il est capturé.

Kaï dérobe le « chi » de Po (72 mn 13), mais les pandas, Mr Ping, et Tigresse se rassemblent, à la demande de Li Shan, pour donner de la force à Po. Chacun apprend à donner le « chi » naturellement. Ils laissent l'attachement, pour l'amour véritable.

Po peut se libérer de ses chaînes (74 mn). Po est « aligné » (remarquer l'image de la lumière, d'abord verticale, puis entourant Po). La question est posée : qui es-tu ? Po intègre son identité de Guerrier-Dragon. Il rassemble tous les éléments qui font de lui ce qu'il est. Un dragon d'énergie se dessine autour de lui.

Po est vainqueur de Kaï (75mn). Po ne peut s'empêcher de continuer à s'amuser. Kaï n'abandonne toujours pas. Po donne alors le « chi » que Kaï souhaite lui voler, mais l'énergie est trop puissante, et elle le tue. Tous les Maîtres sont libérés.

Le calme est revenu dans le monde des esprits. **Po retrouve Maître Oogway** (77 mn **49)** qui le désigne comme son successeur. Po décide de rentrer.

Retrouvailles (80 mn). L'élève a dépassé le Maître. Un Maître a pleinement réussi lorsque l'enseignement qu'il donne permet à ses élèves de le dépasser. La grandeur d'un Maître se dévoile dans son humilité.

Leçon de kung fu et don de « chi » dans le monde. Chacun peut offrir son « chi » et le partager. Les dernières scènes sont l'illustration du pouvoir des forces mises en commun pour le bien de tous.

COMPRENDRE

Un film, un livre, une pièce de théâtre, une conversation, même seulement entendue au passage, une rencontre, même quand elle est brève, un papillon qui passe, un bourgeon sur un arbre, un oiseau qui se pose, tout peut nous permettre d'apprendre. Il s'agit d'ouvrir les yeux, mais de voir avec l'œil intérieur.

Ce chapitre a pour but de récapituler quelques éléments qui pourraient nous permettre de progresser dans notre recherche de nous-mêmes.

Évidemment, nous ne pouvons pas tout voir, ni tout expliquer, mais essayons de voir l'essentiel.

Il ne suffira pas seulement de repérer ce qui est important. Il ne suffira pas seulement de lire les messages, mais de les faire nôtres.

Cherchons en nous, ce qui nous rapproche des personnages. Voyons, où et quand, leurs erreurs sont souvent les nôtres. Ne nous cachons pas que les situations présentées se rapprochent parfois de celles que nous avons vécues ou que nous vivons.

Soyons clairs avec nous-mêmes, sans condamnation ni indulgence, sans jugement.

C'est ainsi que nous progresserons. C'est ainsi que notre vécu deviendra expérience.

Il ne s'agit pas de considérer la projection d'un film, la lecture d'un livre, comme une expérience en tant que telle, mais de comprendre comment elle peut éclairer les actes incompris (totalement ou partiellement) de notre existence.

Rappelons-nous que notre cerveau ne classe, dans le tiroir « expérience acquise » que ce qui est vraiment intégré.

Dans ce chapitre, nous nous arrêterons, comme d'habitude, sur quelques sujets importants suggérés par le film. Je vous invite à les étudier séparément, puis à essayer de les rassembler. Vous découvrirez alors quelques pistes pour cheminer vers vous-mêmes.

I - Le « chi »

Le mot « chi » est difficile à traduire. Nous pouvons tenter de l'expliquer, mais nous arriverons difficilement à cerner tout ce qu'il représente. Le mettre en mots, c'est le limiter ou l'enfermer.

Tentons cependant l'exercice.

On pourrait dire que le « chi » est le souffle de vie, l'énergie vitale. Ce n'est pas faux, mais exprimé ainsi, nous pourrions passer à côté de ce qu'il englobe. Il est source et essence. Le « chi » naît dans le vide primordial, il est en tout, il est le mouvement. Certains le décrivent comme l'« esprit ». Il faudrait alors définir le mot esprit, tellement il peut prendre de sens différents. Le « chi » n'est jamais vu comme une divinité, même si l'idée s'en rapproche.

Le « chi » est invisible, infini et éternel. Il est créateur et créature, il circule partout et en tout. Il crée la forme, et il est la forme en perpétuelle transformation. Le « chi » circule en nous, mais ne nous appartient pas. Nous sommes le « chi ».

Il relie tous les êtres et les choses. Nous sommes toujours reliés aux autres, à tous les êtres, aux choses, et à l'univers. Donc, nous sommes les autres, tout en ayant une forme différente. Nous sommes une parcelle d'univers, et nous sommes un univers miniature.

Le « chi » circule selon deux principes en mouvement, deux aspects de la Vie, l'un contenant l'autre, l'un prenant la place de l'autre, principes contraires et toutefois complémentaires : le Yin et le Yang.

Le « chi » peut détruire ou guérir. La maîtrise du « chi » par une personne mal intentionnée peut être meurtrière. Kaï illustre cette personne. Entre les pattes de Po, cette énergie maîtrisée est plus que bénéfique.

On peut améliorer la circulation du « chi » en soi, par la respiration, des exercices physiques et des mouvements, par la méditation. Devenir un Maître du « chi » passe par la connaissance de soi, par la compréhension de ce qu'est le « chi ». L'intention est alors toute puissante, et l'on peut donner.

II - « Plus tu prends, moins tu possèdes »

C'est la réplique de Maître Oogway à Kaï qui tente de lui dérober son « chi ». Ce dernier essai pour faire revenir Kaï à la raison, est inutile bien sûr.

Posséder pousse à avoir toujours plus. Si nous observons le sentiment de manque, nous pourrons constater qu'il existe chez le pauvre, comme chez le riche. Plus on a, et plus notre perception de la possession se modifie. Ce que l'on vole n'est pas ce que l'on a gagné, il ne nous appartient jamais. Prendre pousse à prendre encore davantage.

La possession est une illusion, ce que nous avons maintenant nous est prêté le temps de cette vie.

Dans le film, il ne s'agit pas de possession matérielle, mais de force vitale. Le « chi » peut être développé en soi, il peut être maîtrisé. En le dérobant, Kaï va évidemment plus vite, mais cette énergie n'est pas à lui. Elle lui donne plus de force dans l'instant, mais elle s'épuise à détruire. C'est pour cela qu'il lui faut tout, et tout de suite, pour régner sur le monde.

Kaï n'a pas compris que, même maîtrisé, le « chi » ne nous appartient jamais, il « est ». Sans lui, rien n'existe.

Sous le pouvoir dominateur de son ego, Kaï veut réunir les « chi » des plus grands Maîtres en sa seule personne, quitte à les voler, pour avoir la toute puissance. Il n'a pas compris que le but n'est pas la domination des autres, mais la maîtrise de soi.

Il n'a pas non plus compris, que c'est en donnant que l'on reçoit. C'est en donnant, qu'on est plus fort, et qu'on grandit. C'est d'ailleurs ce que Maître Oogway suggère. Il dira à Kaï qu'il a pris de la force, mais il déclarera à Po qu'il a grandi.

III – Avant de vaincre par les poings, il faut vaincre par le mental.

Quand deux adversaires possédant les mêmes aptitudes techniques s'affrontent, le mental peut avoir un rôle décisif.

Po soigne ses arrivées en prenant la pose, Shifu a prévu une mise en scène pour désigner son successeur. Kaï se présente en détenteur de la force, et il est troublé par les méthodes, peu ordinaires, de Po et des autres pandas. Tous imprègnent leurs techniques d'un effet spectaculaire pour impressionner leurs adversaires, mais on peut agir sur le mental autrement, comme Po, par exemple, en agaçant Kaï (« tu jacasses, tu jacasses … »).

Vaincre par le mental, c'est aussi se préparer à être le vainqueur, c'est travailler sur soi pour accepter la victoire, c'est être convaincu d'être le plus fort avant même le début du combat, c'est savoir maîtriser ses émotions.

Kaï excelle en ce domaine. Il vaincra des Maîtres désorientés par la force de leur adversaire, surtout lorsqu'ils apprennent le vol de « chi » de leurs prédécesseurs et de leurs confrères.
C'est à ce moment-là qu'il atteint leur confiance en eux, par l'émotion que la nouvelle suscite. Kaï atteint les Maîtres, quand ils comprennent la traîtrise, eux qui font œuvre de justice. Les Maîtres n'envisagent même pas qu'on puisse être, ainsi, atteint par la folie. Ils n'imaginent pas qu'on puisse porter atteinte à la respectabilité de la sagesse.

Po va vite comprendre qu'il ne peut pas vaincre ce fou assoiffé de vengeance, par la seule force, et par la technique. C'est pourtant par la force qu'il finira par gagner, mais par celle d'un « chi » rendu plus puissant par l'addition des énergies familiales et amicales, non volées, mais offertes.

IV– « Si tu te contentes de faire ce que tu es capable de faire, tu ne progresseras pas ».

Il est facile de s'installer dans le confort de ce que nous connaissons déjà. Il faut pourtant regarder devant, et vouloir progresser.

Il ne s'agit pas, bien évidemment, de progresser pour acquérir des biens matériels, car nous partirons comme nous sommes venus, sans rien. Il s'agit ici, de notre évolution spirituelle.

Cette évolution passe parfois par la célébrité, par la richesse matérielle, par la pauvreté, par la souffrance, mais la célébrité, la richesse, la pauvreté ou la souffrance ne sont que des outils. Ce sont des moyens, pas des buts.

Vouloir progresser demande un effort.

C'est un travail d'abord, c'est une remise en question, c'est faire le point sur nos acquis, sur ce qui n'est pas totalement intégré.
C'est apprendre à choisir entre, ce qui donnera l'illusion d'« être », et ce qui permet d'« être » vraiment.

C'est souvent abandonner les liens que nous nous créons pour échapper aux peurs.

C'est faire évoluer, en nous, notre perception de nous-mêmes, de notre condition, et du monde.

V– Le but est que je te transforme en toi

Voilà une affirmation difficile à comprendre. Je ressens la même réaction de surprise chez mes élèves, quand je leur demande de ne pas essayer de devenir comme moi.

Shifu a compris cela lors de la désignation du Guerrier-Dragon (premier opus). Former Po lui semblait impossible, jusqu'à ce qu'il comprenne qu'il y arriverait, en respectant la nature profonde de Po, ses aptitudes et ses goûts, ses qualités et aussi ses défauts.

Po va être confronté au même problème : faire de tous ces pandas maladroits, des combattants redoutables. Comme Maître Shifu abandonnera l'image idéale du pratiquant de kung fu, Po laissera de côté les entrées spectaculaires, les figures parfaites des grands Maîtres qu'il admire tant, pour obtenir de chacun, le meilleur de lui-même. Indirectement, cette compréhension lui permettra de s'accepter en tant que Maître, même si, dans l'instant, la conscience de cette progression n'est pas claire en lui.

La pleine conscience n'arrive toujours que progressivement, même si elle semble survenir brusquement. Il ne s'agit là que d'un déclic, qui replace tous les éléments du puzzle à leurs justes places, au moment opportun, c'est-à-dire, lorsque nous sommes prêts. Un des éléments participant à cette compréhension est, pour Po, son arrivée au village secret. Se croyant le seul panda survivant au massacre de Seigneur Shen, Po découvre les autres pandas avec bonheur. Il ne remarque pour l'instant que les différences physiques. Il apprendra à reproduire, parmi ses semblables, les comportements communs à tous les pandas, ceux qui devraient être les siens, ceux de la communauté (voir réplique du petit panda reprochant à Po d'être un drôle de panda puisqu'il ne sait pas rouler, et sa réponse, « çà ne fait pas longtemps que je sais que je suis un panda »).

La forme que nous prenons en naissant, ne fait pas de nous ce que nous sommes. Nous sommes ce que nous devenons au fil des épreuves que nous subissons, des joies que nous éprouvons, des événements que nous vivons. C'est le sens de la réponse de Po à Kaï quand il lui demande « qui es-tu ? ». C'est en rassemblant, que nous comprenons ce que nous sommes. Nous restons dans le questionnement tant que nous séparons les éléments de nos vies. Nous rejoignons ici la réplique de « V » dans « V pour vendetta » : « ce que j'ai subi a fait de moi ce que je suis ».

C'est en rassemblant, et grâce à l'aide de sa famille et de ses amis, que Po intègre ce qu'il est, il s'aligne (revoir la scène de sa libération dans le monde des esprits, et la ligne de lumière verticale illustrant parfaitement cette notion d'alignement).

VI – La solution de la fuite chez Li Shan

L'agression mortelle de Seigneur Shen a poussé les pandas pacifiques à la fuite, seule solution à l'attaque des loups nombreux et armés. Parfois, la fuite est la seule issue, parfois il faut se retourner et affronter l'adversaire.

Dans le deuxième opus, nous avions découvert comment Po avait voyagé dans un cageot de navets. Nous revoyons ici la scène. Li Shan se bat, et demande à la mère de Po de fuir avec leur enfant.

La fuite a sauvé nombre de pandas, la lutte en a sauvé d'autres.

Li Shan se reproche peut-être de ne pas avoir fui, lui aussi, accompagnant sa famille pour la défendre en chemin.

Il sait avoir perdu son épouse, tuée pendant sa fuite, fuite qu'il lui a conseillée. Il ne sait rien de son enfant. Il peut le supposer mort, mais qui sait… Parfois le doute est plus terrible que les certitudes.

L'attaque de Kaï résonne comme un recommencement, et il ne pense qu'à fuir avec son enfant. Lors de l'attaque prévue du village secret, il n'aura que cette solution à proposer, et Mr Ping aussi d'ailleurs.

Po résiste, il sait que rien n'arrêtera Kaï, et il décide de l'affronter. Père Oie met Père Panda devant ses choix de père.

Accompagnera-t-il son fils pour l'aider à accomplir sa mission ? La décision de lutter guérira Li Shan de sa culpabilité.

Vous rencontrerez, dans votre pratique, des personnes qui décident de grands départs ou de grands changements. Ce sont de bonnes idées quand ces personnes ne sont pas entrées dans une fuite inconsciente d'elles-mêmes.

Il y a un temps pour fuir, et un temps pour se battre. Il y a un temps pour s'éloigner de soi-même, et un temps pour s'en rapprocher.

VII – Mourir et renaître

Puisqu'il ne peut pas renvoyer Kaï dans le monde des esprits, Po choisit de l'y raccompagner. Il offre sa vie pour les autres. Une lutte féroce s'engage dans le monde des esprits, et il finit par vaincre.

Maître Oogway lui suggère alors qu'il lui est possible de revenir dans le « monde normal ».

Toute voie initiatique mène à « mourir et renaître ». Il faut laisser l'ancien pour créer le nouveau. Progresser, c'est toujours laisser quelque chose derrière soi. Po laisse sa vie d'élève, pour devenir un Maître. Il laisse le panda, fils d'une oie, fan de kung fu, pour devenir pleinement le Guerrier-Dragon. Il laisse son enfance pour devenir adulte.

Le fœtus meurt à sa vie utérine pour naître enfant, puis il laissera cette vie pendant l'adolescence pour devenir adulte. Le papillon sortant de son cocon a laissé la chenille.

Toute voie spirituelle mène à une lutte contre l'ego. Il faut alors abandonner, selon les cas, ce « petit moi » imbu de lui-même, se prenant au sérieux, sûr de lui, ou cet autre « petit moi » détestant son image, toujours dans le doute, cherchant ce qu'il est dans le mimétisme. Il faudra alors laisser ce que l'on croyait être, pour retrouver ce que nous sommes vraiment.

VIII – Le symbole du dragon

Parfois positif, parfois négatif, parfois les deux, le dragon a une symbolique très forte partout dans le monde. Il est la représentation des quatre éléments réunis en un seul corps. Parfois protecteur, parfois gardien, parfois guerrier, ami ou ennemi, le dragon n'est-il pas la représentation de notre ego.

L'âme s'incarne dans un corps pour apprendre par l'expérience. Le corps est une enveloppe fragile, l'âme sensible doit s'adapter à ce monde. Elle a besoin d'un protecteur : l'ego, le dragon des légendes.

Pendant les premières années de la vie, l'âme a encore souvent le pouvoir sur un ego naissant, mais pas toujours. L'enfant est sous la protection des parents. Selon leur attitude, et la façon dont cette attitude sera perçue par l'enfant, ces parents peuvent avoir un grand rôle dans le développement de l'ego.
L'enfant entre ensuite pleinement dans la société, et le formatage commence, ou bien continue.

Le moule de la société est si étroit, la persuasion de sa nécessité si efficace, les conditions sont si contraignantes pour y entrer, que l'ego en oublie sa mission : protéger l'âme, lui permettre d'apprendre et d'évoluer. Il en oublie la présence de l'être intérieur, qui s'endort comme la princesse en son donjon, gardée par un dragon qui ne sait plus qu'elle existe, et qui devient le gardien des murailles.

L'adulte entre souvent dans la croyance d'être ce corps. L'ego a pris le contrôle, et l'individu est conforté dans ses certitudes, tant la société confond ego fort, et personnalité.

Nous aurons alors des personnes égoïstes, égocentriques et même narcissiques, qui croiront détenir la vérité (dans le film : Kaï), et d'autres, si peu sûres d'elles-mêmes, si peu enclines à intégrer le moule, en recherche permanente de leur identité, si intuitivement persuadées qu'il existe autre chose, qu'elles croiront être la représentation de l'anormalité (dans le film : Po).

Dans les deux cas, il ne s'agit que d'ego. L'un croit être au dessus, et l'autre est abaissé.

Un jour, tous deux devront affronter le dragon. Leurs luttes seront différentes, mais aussi rudes, longues et difficiles.

Nous avons dans le film l'illustration de ces deux personnalités. Et nous avons la victoire de Po, qui, ayant retrouvé son soi véritable, maîtrise le dragon. Ils agissent alors en plein accord dans leurs intérêts communs. Car il ne s'agit pas de tuer le dragon, mais de l'apprivoiser.

En rassemblant toutes ses expériences, Po intègre complètement sa véritable identité. Il comprend alors, que tous les événements de sa vie, toutes ses rencontres, l'ont amené là où il devait aller, guidé par une force universelle.

Le corps, l'ego et l'âme ne forment qu'une entité, mais peut-être faut-il commencer par les séparer pour les comprendre une par une. Il faudra rassembler ensuite, et libérer l'ego de toute domination, pour percevoir quel est notre projet de vie.

Dans le film, le dragon est la représentation de la force du « chi » maîtrisée.

On peut améliorer la circulation et les mouvements du « chi » dans le corps, par des exercices de respiration, des pratiques d'art martiaux, par la méditation.

On ne peut cependant devenir un Maître du « chi » qu'en se connaissant soi-même. Cette connaissance ne peut passer que par la conscience de l'ego et de son fonctionnement.

La lutte avec l'ego est inévitable.

Elle passe par la compréhension que l'expérience est tout, et donc, que l'ego nous est indispensable.

Cela ne lui donne pas la légitimité de régner à la place de l'être intérieur. La lutte prend alors certaines formes.

Nous devons nous connaître nous-mêmes. Nous devons comprendre, qui nous sommes vraiment. Cessons de nous identifier à une image, celle projetée par l'ego pour se conformer aux normes de la société. Jetons les masques, cessons de nous jouer la comédie ou le drame de nos vies. Nous devons rechercher l'authenticité.

Arrêtons alors de nous prendre au sérieux, et sachons nous émerveiller. Ayons réellement le regard que porte un enfant sur la vie (Dans le film les jeux de Po).

Cela ne nous empêchera nullement d'être responsables de nos actes et décisions. Et nous sommes responsables avant tout, devant nous-mêmes. Nous sommes responsables de notre évolution (dans le film, l'entraînement de Po, sa volonté d'apprendre, sa décision de ne pas fuir).

Pour cela nous devons accepter de travailler pour progresser, comprendre nos erreurs, accepter les changements, car tout est mouvement et transformation. L'ego nous maintient dans le confort du « connu » (dans le film, l'obligation pour Po de devenir un Maître).

L'humilité nous est donc indispensable. L'humain n'est que parcelle d'univers, au même titre que tous les êtres. Le souffle vital, le « chi » l'anime, et sans ce souffle rien n'existe (dans le film, disparition des corps des Maîtres quand Kaï vole leur « chi »).

À L'ÉCOUTE DES AUTRES

Chacun de nous est, un jour ou l'autre, confronté au problème de devoir aider quelqu'un (ami, collègue, voisin, simple connaissance). Certains d'entre nous font partie d'associations et apportent leur soutien aux autres quotidiennement.

Vous conseillerez bien sûr la consultation d'un médecin ou d'un psychologue à la personne que vous souhaitez aider, mais vous pourrez vous rendre compte que cela convient, ou suffit, à certains, mais pas à d'autres. Ceux à qui cela ne convient pas ont surtout besoin d'écoute.

Cette rubrique a pour but de soulever certains problèmes que nous pouvons rencontrer dans nos relations à l'autre qu'elles soient amicales, ou professionnelles, bénévoles ou rémunérées. Les lignes qui suivent donnent des pistes que vous êtes libres de suivre ou pas. Ce ne sont que des pistes, vous devez faire confiance à votre intuition.

Vous vous retrouverez devant des cas identiques, mais aussi devant d'autres, ayant l'apparence de la similitude dans leurs effets, mais qui se révéleront profondément différents dans leurs causes. Le but étant de soigner les causes, les méthodes vont varier. Faites-vous confiance tout en ayant un œil sur votre ego. L'ego est comme un enfant capricieux qui cherche à avoir le dernier mot. Il vous soufflera que vous connaissez déjà ce cas, que ce sera facile, et quelques fois même, que vous êtes le meilleur. Parfois aussi, il vous dira que vous ne trouverez jamais, et que vous êtes nul. Vous devez bien entendu, ne pas oublier ce que vous connaissez, mais tout doit être bien rangé dans un tiroir entrouvert, prêt à être ressorti. Vous devez toujours considérer le cas que vous avez devant vous comme inédit. C'est ainsi que vous éviterez les erreurs d'appréciation. Vous devez savoir que vous ne savez rien, même si votre ego vous dit que vous savez tout.

Essayez de comprendre la personne que vous avez devant vous. Faites-le, pour elle, et à travers elle. Devenez empathique et vous trouverez ce qu'il faut dire, vous entendrez ce qui se cache derrière ses mots à elle, derrière ses silences, ses larmes et ses rires. Souvenez-vous que cette personne est un autre vous-même. Si elle éprouve des émotions, vous en éprouvez aussi, et si vous sentez les siennes, elle sent aussi les vôtres.

Si vous essayez de guérir, de soigner, alors ce sera l'échec ou la semi-réussite. Guérir ou soigner vient toujours en second. C'est le résultat de votre empathie. Chaque fois que vous voulez guérir ou soigner pour faire le bien, vous êtes dans l'ego, car nul ne sait où sont le bien et le mal.

Quand vous êtes dans la compassion (je n'ai pas dit la pitié), vous laissez l'autre choisir sa voie, vous l'aidez à ouvrir, chez elle, le passage qui lie le corps et l'esprit.

Profitez de ce travail pour progresser vous-même. Quand le patient est parti, demandez-vous ce qu'il vous a donné, ce qu'il vous a appris de vous-même, ce qu'il vous a permis de comprendre et peut-être même ce qu'il a guéri en vous. Quand le travail devient échange, il est doublement réussi.

Nous parlerons, dans cet ouvrage, de narcissisme. Nous aurions pu aborder ce sujet dans les deux autres ouvrages dédiés aux deux premiers opus de la série. Les trois adversaires de Po (Taï Lung, Seigneur Shen et Kaï) sont tous trois narcissiques, un narcissisme qui se manifeste de façon différente, certes, mais nous trouvons en ces personnages, les mêmes caractéristiques dominantes.

Nos sommes tous un peu narcissique, ou au moins, le sommes nous par moments. Certaines personnes, de plus en plus nombreuses, développent des comportements qualifiés de troubles narcissiques. Notre société nous pousse au narcissisme.

Ce chapitre vous permettra, je l'espère, de reconnaître un narcissique, et surtout, de ne pas vous faire manipuler. Il est très facile de tomber dans les filets de cet habile bonimenteur.
Il vous permettra peut-être aussi de vous poser les bonnes questions. N'est-il facile, dans cette société qui le favorise, de tomber dans l'autre piège, celui de devenir narcissique soi-même.

I - Narcissisme – Le Mythe de Narcisse
<u>Version du mythe selon Ovide</u> (source wikipédia, portail de la mythologie grecque)
À sa naissance, le devin Tirésias, à qui l'on demande si Narcisse atteindrait un âge avancé, répond : « Il l'atteindra s'il ne se connaît pas. » Il se révèle être, en grandissant, d'une beauté exceptionnelle mais d'un caractère très fier : il repousse de nombreux prétendants et prétendantes, amoureux de lui, dont

la nymphe Écho. Une de ses victimes éconduites en appelle au ciel. Elle est entendue par la déesse de Rhamnusie — autre nom de Némésis — qui l'exauce. Un jour, alors qu'il s'abreuve à une source après une dure journée de chasse, Narcisse voit son reflet dans l'eau et en tombe amoureux. Il reste alors de longs jours à se contempler et à désespérer de ne jamais pouvoir rattraper sa propre image. Tandis qu'il dépérit, Écho souffre avec lui ; elle répète, en écho à sa voix : « Hélas ! Hélas ! » Narcisse finit par mourir de cette passion qu'il ne peut assouvir. Même après sa mort, il cherche à distinguer ses traits dans les eaux du Styx.

II – Narcissisme – Les troubles narcissiques.

Voici à quoi on peut reconnaître une personne qui souffre de troubles narcissiques. C'est statistiquement plus souvent un homme, mais il y a aussi beaucoup de femmes. Tous ne développent pas toutes ces caractéristiques, mais plus une personne les cumule, et plus elle peut entrer dans la perversion narcissique.

La personne narcissique croit être au-dessus des autres. Elle fantasme sur sa beauté, ou sur son intelligence, ou sur son pouvoir, et souvent tout à la fois. Elle rêve son succès et sa domination sur les autres et le monde. D'ailleurs, elle pense réellement qu'elle le mérite. C'est son droit, les autres sont tellement médiocres ! C'est pour cela qu'elle peut être très hautaine, et qu'elle n'éprouve aucune empathie envers les autres. Elle se met parfois en retrait, non par discrétion, mais parce qu'elle ne fréquente pas n'importe qui. De plus, personne ne peut l'égaler.

La personne narcissique se regarde vivre, et s'attend à voir les autres, tout laisser pour l'admirer, l'écouter, la complimenter, ou la plaindre. Car notre narcissique se complaît dans la victimisation. Elle mérite tellement mieux que ce qu'elle a.

Elle est envieuse des autres, mais elle dira que les autres sont jaloux d'elle.

Elle n'est jamais responsable de rien. C'est toujours la faute des autres. Elle ne se remet jamais en question.

La personne narcissique est très superficielle, tant dans son caractère que dans ses sentiments, mais saura utiliser toute l'intelligence dont elle est capable, pour manipuler les autres.

Elle ment sans aucun problème, et c'est un(e) comédien(ne) hors pair, tant elle croit à ses mensonges. Elle change d'opinion selon les situations, répond en entretenant le flou, fera passer des informations par l'intermédiaire des autres, sèmera la discorde, jugera et dévalorisera l'air de rien, tout en entretenant l'image de la perfection, l'image de l'ami(e) charmant(e) et agréable, qui ne dénigre jamais personne, et qui se plaint encore moins, et même l'image de la victime de l'injustice de ceux qu'elle vient de mettre à terre. Elle est habile à deviner ce que vous voulez entendre.

La personne narcissique est incapable d'aimer quelqu'un d'autre qu'elle-même. Elle éprouve très peu de tristesse. Elle pourra en montrer, mais ce ne sera que façade. Elle clamera son amour, mais même son conjoint, ses enfants, les membres de sa famille ne sont que des prolongements d'elle-même, qui devront répondre à ses exigences, et ne jamais la décevoir sous peine d'être rejetés, méprisés, et même harcelés.

Elle se conformera à la norme, tout en déclarant qu'elle en a fait le choix, non par soumission, mais pour paraître une bonne personne digne de respect.

Rien n'a plus d'importance que l'image qu'elle veut donner d'elle-même.

La personne narcissique peut devenir méchante et méprisante, parfois même violente. Elle essaiera d'exploiter les autres à son bénéfice, parfois malhonnêtement, sans sentiment de culpabilité, car elle voit cette attitude comme un rétablissement de la justice.

Elle essaiera de détruire la proie qu'elle a choisie, et sera heureuse de l'écraser de sa grandeur. Elle ne la lâchera jamais, la poussant parfois au suicide.

Inutile de penser que la personne narcissique puisse être soignée. Pour elle, c'est l'autre qui a un problème. Lorsqu'elle consulte, c'est pour, par exemple, un état dépressif, mais le problème du narcissisme ne pourra pas être résolu, puisque le thérapeute ne peut que lui être inférieur.

Voici un tableau peu flatteur de ces personnes. C'est sans doute pour cela que leurs victimes utilisent toutes le même mot pour les désigner : diaboliques.

III – Narcissisme – Le personnage de Kaï

Nous reconnaissons les caractéristiques du narcissisme chez Kaï, comme nous pouvions le reconnaître chez Taï Lung ou Seigneur Shen.

Lorsque, par exemple, il dérobe le « chi » des pandas guérisseurs, Maître Oogway le combat. Kaï ne comprend pas sa réaction. Pour lui c'est une trahison. Ce pouvoir lui est dû.

Ne pas être connu dans le monde des mortels augmente sa rage et son mépris des autres. Il ne recherche que leur admiration. Ses entrées spectaculaires sont exagérées, et nourrissent l'image qu'il a de lui-même.

Vaincre par le mental, ne passe, pour lui, que par l'humiliation de ses adversaires.

Il combat jusqu'au bout et n'abandonne pas, car il ne peut admettre sa défaite. La victoire lui est due.

IV – Le narcissisme dans notre société.

a) L'outil de la publicité

On ne peut échapper à la publicité. Elle est partout, dans les rues, dans les transports, dans les magazines, dans les boutiques et grandes surfaces, à la radio, et surtout, à la télévision, le plus bel outil de propagande de tous les temps. En effet, cette dernière cumule toutes les méthodes pour nous influencer. Même en étant vigilant, il est bien difficile d'échapper à cette influence.

Non seulement la publicité nous pousse à l'achat, mais elle modèle ou favorise certains comportements, individuellement et collectivement. Elle nous répète astucieusement, qu'il faut acheter pour être heureux, et qu'on achète parce qu'on est heureux, qu'on existe pour être heureux, et qu'on est heureux quand on existe, qu'on réussit quand on est différent, et qu'on doit se conformer pour réussir. Peu importe ce que l'on est, l'essentiel est d'avoir et de le montrer, tout est dans le paraître. Peu importe ce qu'on dit de vous, l'important est qu'on parle de vous.

Tout cela nous éloigne de nous-mêmes. Nous nous perdons dans les méandres du paraître, et nous ne retrouvons pas le chemin de retour. Tout cela organise un vide, ou plutôt la perception erronée d'un vide.

La publicité exploite ce vide existentiel des individus, et l'absence de repères solides. Elle leur fera croire qu'ils expriment ce qu'ils sont en achetant, ou que l'acte d'achat est un choix, ou encore que leur beauté et leur intelligence légitiment l'élection d'une marque ou d'une autre.

b) **Selfies et réseaux sociaux.**

Il n'est rien de plus caractéristique que selfies et réseaux sociaux pour illustrer le narcissisme galopant.

Encore ici, le paraître est la motivation première d'individus, qui, à défaut de vivre, se contemplent et s'affichent.

La présence sur les réseaux sociaux devient obligatoire. Tout doit passer par là !

Vous n'êtes pas sociable si vous n'avez pas de compte facebook. Vous l'êtes encore moins si vous ne l'alimentez pas avec l'étalage de votre vie, réelle ou imaginée, avec des photos originales, ou modifiées, selon les règles en vigueur du paraître.

Sur les réseaux sociaux, les gens peuvent être ce qu'ils voudraient être. Ils rêvent leur vie. Ils se regardent vivre des événements anodins qui deviennent des aventures, ils partagent des platitudes avec des airs d'intelligence humble. Personne n'est dupe, mais tous se conforment. Pourtant, tous les événements de nos vies peuvent être des aventures quand on les regarde de l'intérieur. On a toujours quelque chose à apprendre.

Certains s'accommodent très bien de ce narcissisme qui devient la norme. Le vide en rattrape d'autres, la boulimie ou la dépression, aussi, parfois.

Sur les lieux touristiques, dans les transports publics, même au volant des voitures bloquées dans les embouteillages, on assiste souvent à des spectacles d'un grand comique. Les « petits moi » deviennent des grands ego, s'admirant, se recoiffant, se souriant à eux-mêmes, toutes dents dehors, devant leur téléphone, avant de se photographier, à la recherche du portrait idéal qui va compléter le nouveau profil des réseaux sociaux. Ciel ! Comme ils s'aiment ! Non ! Ils aiment l'image d'eux-mêmes qu'ils ont créée. Cette image devient leur identité, et ils relèguent au plus profond d'eux-mêmes, leur véritable nature.

Des chercheurs se sont intéressés à ces agissements, constatant un manque de confiance en soi, un manque d'estime de soi. Plus les individus utiliseraient les réseaux sociaux, plus ils seraient narcissiques.

Posons-nous la question : à l'inverse, les réseaux sociaux ne rendent-ils pas narcissiques ?

Je suis certaine, que tout comme moi, vous connaissez des personnes qui ont adhéré au système par pur conformisme (pour leur métier par exemple), et qui sont devenues les plus grandes admiratrices de leurs propres personnes, s'identifiant à l'image qu'elles donnent d'elles-mêmes sur ces réseaux.

Ce sont pourtant des outils de communication pouvant favoriser la fraternité. Pensons aux familles dont les membres dispersés dans le monde, échangent des nouvelles, et partagent des photos instantanément. Mais ils sont aussi les instruments qui favorisent la solitude, dissimulée derrière une apparente sociabilité.

Ce sont aussi des outils formidables pour échanger des informations, mais ce sont aussi des instruments redoutables de manipulations, qui peuvent détruire socialement quelqu'un très rapidement. Ils peuvent être un moyen de contrôler les masses, des masses asservies au diktat de l'image et du paraître, et cantonnées au superficiel.

c) <u>L'exemple vient d'en haut</u>

Regardons vers le haut de notre société, vers ceux qui pensent être des modèles. Nous verrons des élites et dirigeants de grandes sociétés, que nous qualifierons de corrompus, mais qui ne se voient pas comme tels.

Ils ne comprennent pas, par exemple, pourquoi ils devraient être jugés. Pour eux, les tribunaux sont faits pour le peuple, cette assemblée de médiocres qui ne possèdent rien. Ce qu'ils volent, est ce qui leur est dû, ils le méritent.

On parle de leur déconnexion du monde réel. Oui, mais c'est aussi plus que cela. Leur réalité est différente de la nôtre. Ils sont, ils existent, et les autres ne sont rien. Ces autres ne sont autorisés à vivre, que pour les servir, et pour être exploités.

C'est pour cela qu'on mettra tant de gens au chômage, sans culpabilité, alors que l'entreprise fait des bénéfices. Pour l'élite, et les grands « patrons », les travailleurs ne comprennent pas qu'ils sont condamnés à périr, remplacés par des robots, ou par une autre main-d'œuvre, bien moins payée. L'important est le bien-être de ceux qui méritent de vivre, et pour qui les hommes étrangers à leur caste, ne sont que des lignes comptables dans les bilans.
C'est pour cela qu'on votera des lois pour enrichir les nantis. Et l'élite ne comprendra pas que les humbles manifestent, et qu'ils refusent de se sacrifier pour eux. Une vie encore plus luxueuse leur est due.

Bien sûr, quelques politiques iront se salir les mains (avec une réserve de lingettes évidemment !), pour pouvoir être élus, pour justifier, ensuite, leur autorité. Ce sont tous d'excellents comédiens qui se donnent de moins en moins la peine de jouer leur rôle. Ils sont tellement sûrs d'eux ! Leur mépris est à peine caché. Dans ces milieux, on ne fréquente que des « égaux » (et des ego aussi !), bien que l'entente des plus riches soit factice, comme le reste.

Nous reconnaissons là, les caractéristiques des narcissiques, des narcissiques qui, en plus, ont le pouvoir, le pouvoir d'acheter les médias.

On nommera des marionnettes à la tête de ces médias, qui nous montreront les pires futilités, ou les horreurs absolues, le spectacle de la vie politique, qui n'a de politique que le nom, qui monteront en épingles des faits divers pour justifier les décisions déjà prises sans nous, qui feront monter la peur pour nous imposer des mesures répressives.

Tout est marketing ! Même les actualités, même l'élection d'un président de la république.

Les stars, les politiques qui sont devenus des vedettes comme les autres, les dirigeants de grandes entreprises qu'on flatte en insistant sur leur réussite, s'exposent partout, se cachant à eux-mêmes les réalités ordinaires. Pour les nantis, on n'existe que quand on a réussi, et on a réussi quand on vous voit, et c'est parce qu'on vous voit que vous pouvez encore mieux réussir.

Les dévoreurs de programmes télévisés abêtissants choisiront alors le mimétisme, par les outils à leur disposition, les réseaux sociaux.

CONCLUSION

Kung Fu Panda 3 nous permet de nous poser une grande question : Qui suis-je ? Il n'est pas facile d'y répondre.

Aussi, avons-nous abordé les principaux sujets qu'il nous faudra approfondir pour parvenir à avancer sur le chemin de la connaissance de soi.

Nous pouvons être aidés dans notre quête. Le film et ce livre donnent des pistes, mais cet approfondissement est personnel. Devant la porte, nous seuls pouvons la pousser. Se remettre en question, laisser derrière soi ce qui nous a appartenu et ce qui faisait notre identité, accepter de s'affronter, se poser les questions qui dérangent, comprendre les lois de l'univers, voilà un programme bien chargé.

La lutte avec un ego qui a pris le pouvoir est rude, mais nécessaire. Ce combat est d'autant plus difficile que notre société favorise la soumission à l'ego. L'être intérieur est alors enfermé dans un solide cachot, et il se croit condamné à l'oubli.

Ne désespérons pas cher lecteur ! L'ego souffre aussi, et un jour il entendra les appels au secours. Il lâchera son miroir, et il comprendra que la vérité est ailleurs.

Kung Fu Panda 3 – Qui suis-je

ANNEXE 1

Miroir   *(Recueil de l'Être - extraits)*

Parmi les objets figurant dans les contes, on trouve, en bonne place, le miroir.

Il est une invitation à se regarder soi-même, à regarder « en » soi-même.

Il est vrai qu'il nous semble y voir un reflet fidèle de nous-mêmes, mais, crois-moi, il n'est rien de plus hypocrite que le miroir, et le dragon sait si bien l'utiliser !

Ainsi, si tu laisses l'ego prendre toute la place, tu verras une image de toi-même, conforme à ce que tu voudras voir selon ton mode de fonctionnement.

Le conte te prévient de repousser le dragon pour regarder les choses telles qu'elles sont vraiment. Le miroir des contes t'invite au voyage intérieur !

Pour la plupart d'entre nous, nous vivons en nous identifiant à une image et nous pensons que cela suffit.

Beaucoup oublient que notre vraie identité est de ce côté-ci, que ce que nous voyons n'est rien, puisque l'image disparaît quand nous changeons de place.

Une image succède à une autre. Le miroir est le symbole de l'illusion, l'illusion acceptée.

Observe l'enfant qui découvre son reflet pour la première fois, il lui faudra un certain temps pour superposer ce qu'il voit et sa personne. Il comprendra qu'il « a » une représentation, et finira par se persuader qu'il « est » cette représentation.

C'est à cet instant que l'enfant commence à prendre possession des notions d'intérieur et d'extérieur qui lui étaient inconnues jusqu'alors.

De la même façon, quand ce même enfant débutera son apprentissage de la parole, il prononcera le "je" tout en parlant à la troisième personne, supposant la conscience de la séparation entre le corps et l'esprit, une conscience bientôt oubliée.

C'est à cette période-là que le dragon prend le pouvoir, installé dans le nid de la vie, de la vie terrestre bien sûr.

Alors.......
>Retrouve ce que tu es,
>Et rejette le paraître
>
>Sois ce que tu es,
>Et non ce que tu crois être,
>
>Va frère, de l'autre côté du miroir
>Marche, plein d'ardeur et d'espoir.

ANNEXE 2

Dragon   *(Recueil de l'Être - extraits)*

Au fond de toi, naît une flamme nouvelle.

Tu découvres l'influence de l'Ego sur ton attitude, sur tes actions et réactions de tous les jours. Tu te rends compte des efforts qu'il prodigue pour nuire à ta progression spirituelle.

C'est lui, tu le reconnais n'est-ce pas ? C'est le dragon des légendes.

Tu as décidé de lutter, de le vaincre. Bien ! Mais attention ! Il faut l'apprivoiser, t'en rendre maître, pas le détruire ! Crois-moi, le dragon est là aussi pour te protéger.

Tu es tiraillé entre ton corps et ton esprit. L'un veut sortir de sa prison de chair, l'autre veut exister !

Le corps naît avec la peur au ventre, la peur de la mort, qui en entraîne d'autres. Et le dragon devient maître de ton corps et roi de tes terreurs. Il a oublié, lui-même, que l'on peut vivre sans crainte. Il souhaite que tu ignores la force de ton esprit. Il refuse de voir que l'esprit ne veut pas la puissance au sens terrestre du mot.

Cependant, il faut avancer lentement vers la libération. Que ferais-tu, si tu avais été enfermé pendant longtemps, dans l'obscurité la plus complète ? Tu penserais que la vie n'est que nuit ! Et si on te libérait ? Tu te protégerais

les yeux, pour ne pas être aveuglé, et ne pas souffrir !
Aller trop vite c'est se jeter dans les bras du dragon.

Pourtant, il n'est pas ton ennemi. Il est plutôt un ami qui t'aime trop, ou trop égoïstement.

Ton corps et ton esprit forment un couple dont l'un empêche l'autre de vivre, pour mieux le protéger. C'est ce qu'il dit ! Mais il l'enferme surtout, pour ne pas le perdre, car c'est ce qu'il croit obtenir.

Alors ! Si vous faisiez un petit bout de chemin ensemble, juste pour mieux vous connaître. Tu devinerais, alors, les réactions de ton ego, qui sont les reflets de ta façon de fonctionner. Tu pourrais faire du dragon un ami, qui t'aime sans t'étouffer !

Pas facile d'établir des relations diplomatiques, n'est-ce pas ?

Alors

Que les flammes du dragon réchauffent sans brûler
Que sa violence devienne puissance,
Que son pouvoir devienne le tien

TABLE DES MATIÈRES

LA COLLECTION DE L'ŒIL A L'ÊTRE 9

INTRODUCTION 13

SYNOPSIS ET FICHE TECHNIQUE 15
- I - Synopsis 15
- II - Fiche technique 15
- III - Distribution 16
- IV - Box-office France 17
- V - Sortie DVD 17

LES PERSONNAGES 19
- I - Nous retrouvons certains personnages 19
- II - Nouveaux personnages 21
- III - Personnages comparés 22
  - 1) Les deux pères 22
  - 2) Kaï et Oogway 23
  - 3) Po et Kaï 23
- IV - Quelques remarques 24

LES SCÈNES 27

COMPRENDRE 35
- I - Le « chi » 37
- II - Plus tu prends, moins tu possèdes 38

III	- Vaincre avec le mental	40
IV	- Tu ne progresseras jamais	41
V	- Le but est que je te transforme en toi	42
VI	- La solution de la fuite	44
VII	- Mourir et renaître	45
VII	- Le symbôle du dragon	46

À L'ÉCOUTE DES AUTRES 51

I	- Narcissisme – Le Mythe	53
II	- Narcissisme – Les troubles narcissiques	54
III	- Narcissisme – Le personnage de Kaï	56
IV	- Narcissisme dans notre société	57

   a) L'outil de la publicité 57

   b) Selfies et réseaux sociaux 58

   c) L'exemple vient d'en haut 60

CONCLUSION 63

ANNEXE 1 - Miroir – Texte Recueil de l'Être 65

ANNEXE 2 - Dragon – Texte Recueil de l'Être 67

Collection « de l'œil à l'Etre »